AF331626

21353

ÉPITRE A SYEYES,

Par M. L. N. G.

A PARIS,

A LA LIBRAIRIE ANTHELME BOUCHER,
RUE DES BONS-ENFANS, Nº. 34.

ET CHEZ PETIT, LIBRAIRE DE LL. AA. RR. MONSIEUR ET
MADAME LA DUCHESSE DE BERRI, PALAIS-ROYAL, GALERIES
DE BOIS, Nº. 257.

M. DCCC. XXII.

Imprimerie Antne. BOUCHER, rue des Bons-Enfants, n°. 34.

CAUSES

DE LA PUBLICATION DE CETTE ÉPITRE.

Peu de temps avant la convocation des États-Généraux, *Syeyes* publia son fameux écrit: *Qu'est-ce que le* Tiers-État? où il s'efforçait de démontrer que le Tiers-État *était tout.* Il était alors chanoine de Chartres. Cet écrit produisit un tel effet qu'il alluma l'incendie révolutionnaire.

Tout le monde sait pareillement que Syeyes rédigea la déclaration des Droits de l'Homme, présentée à l'assemblée dite *nationale*, le 11 juillet 1789, par le marquis de La Fayette, qui avait importé des forêts de l'Amérique septentrionale cette monstrueuse production, fruit de la sagesse d'un peuple révolté. Elle devait être accueillie avec transport par la majorité factieuse de cette assemblée, parce que cette arme à deux tranchants renfermait des principes de justice avec ceux de l'immoralité, de la liberté, du despotisme et de l'anarchie.

La nouvelle impression qu'on vient de faire de l'ouvrage sur le Tiers-État, nous détermine à publier cette Epître, composée en 1796 par un bon Français, et adressée au fabricateur des Droits de l'Homme, puisque le but de la réimpression de l'ouvrage de Syeyes est faite non seulement pour nous rappeler cette époque d'exécrable mémoire, mais encore pour obtenir les résultats terribles qui l'ont suivie en suscitant des séditions, et trouver dans un nouvel ordre de

choses les moyens de s'élever, comme cet ennemi de la no-
blesse, aux honneurs, au pouvoir et à la fortune ; puisque
l'époque que cet ouvrage rappelle est celle où des hommes
souverainement ambitieux commencèrent par tout détruire
pour se placer au-dessus de toutes les hiérarchies, en avi-
lissant la royauté, en souillant la majesté du trône, en met-
tant en lambeaux le manteau royal, en brisant l'encensoir,
le mortier du juge, les couronnes de ducs, de marquis, de
comtes, etc., pour y substituer le bonnet *rouge* des galé-
riens, des écharpes, des cocardes, des rubans tricolores,
signes de la révolte.

Maintenant que le trône légitime est relevé pour notre
bonheur présent et futur, avec cet étendard sans taches,
dont l'éclat fait, sur le monstre révolutionnaire, l'effet de
la tête de Méduse ; espérons que la nation française, appré-
ciant à leur juste valeur les promesses de ces jongleurs po-
litiques, ne leur accordera d'autre faveur que celle du mé-
pris, et que ce monstre impie, rentré dans le temple de la
fureur, étendu sur des monceaux d'armes, lié et garotté
de cent chaînes d'airain, la bouche pleine de sang et d'é-
cume, poussera d'inutiles hurlements.

. . . . Furor impius intus
Sæva sedens super arma, et centum vinctus ahenis
Post tergum nodis, fremet horridus ore cruento.

(*Virg. Enéid.*, liv. i.)

ÉPITRE

AU FABRICATEUR DES DROITS DE L'HOMME,

AUTEUR DE L'OUVRAGE :

QU'EST-CE QUE LE TIERS-ÉTAT ?

De la Religion interprète sinistre,
Destructeur de l'autel dont tu fus le ministre,
Atrabilaire auteur dont l'esprit captieux
Fit d'un peuple docile un peuple factieux,
Traître envers ton pays et parjure envers Rome,
Crois-tu qu'en ton cerveau Dieu mit *les droits de l'homme ?*
Penses-tu qu'il daigna les soumettre à ton choix ?
Des devoirs accomplis l'homme tire ses droits :
C'était donc des devoirs qu'il te fallait l'instruire.
Si ta main au bonheur eût voulut le conduire,
Elle aurait réprimé ses vicieux penchants :
Le ciel ne permet pas le bonheur des méchants ;
De cette vérité dans toi-même est la preuve.
Est-il un criminel qui n'en fasse l'épreuve ?
Il a beau composer ses tranquilles dehors,
Je vois dans tous ses traits l'empreinte des remords ;
Son cœur offre à mes yeux le sort de Prométhée.
Il ne peut sur la terre exister un athée :
Je m'en rapporte à toi, toi qui fais *l'esprit fort !*
De ton fougueux orgueil le bilieux transport

Ne pouvait soutenir l'éclat de la couronne,
Et tu minas l'autel pour renverser le trône.

Quel poison ta morale a versé dans les cœurs !
Etablit-on les lois sur les débris des mœurs ?
De l'ordre social quel infernal génie
Par toi, par tes pareils, a détruit l'harmonie ?
Vous voulez, dites-vous, rendre le peuple heureux ;
Vous le précipitez dans un désordre affreux.
Pour affermir ses droits, l'imposture hardie
En lui des passions allume l'incendie.....
La terre est-elle ferme à côté d'un volcan ?
Tel, sans ancre, un esquif battu de l'ouragan,
Va d'écueil en écueil, et dans les flots s'abîme :
Tel un peuple sans frein s'engloutit dans le crime.

Tu prétends l'éclairer..... ô *Lucrèce nouveau* !
Eteindre de la Foi le céleste flambeau,
C'est arracher les yeux pour donner la lumière ;
Au vice tout armé c'est ouvrir la barrière.

L'homme est prompt à franchir les bornes du devoir :
Le sentiment moral n'a qu'un faible pouvoir :
Il faut à la raison trop souvent égarée,
Un guide plus certain, une *règle sacrée.*
Qu'est-ce que l'homme, hélas ! s'il n'espère et ne craint ?
Qui ne craint que les lois, en secret les enfreint.

De la religion les armes protectrices
Conservent les états en combattant les vices :
Sans leur appui divin on n'en peut triompher.
Si l'impie est méchant, il le faut étouffer :

Plus qu'un tigre en fureur un tel monstre est à craindre.
Mais s'il n'est qu'insensé le sage doit te plaindre,
Comme cet empereur qui, plus fou que cruel,
S'avisa d'appeler *Jupiter* en duel.

Plus coupable que lui, ton esprit sophistique
A tracé tous les plans de l'horrible tactique
　　　Que suivit le premier sénat :
Prenant de ta raison la fièvre déplorable
Pour un sublime essor de sagesse admirable,
　　　Il te portait au Tribunat.

　　　Fécond en énigmes obscures,
Et les enveloppant d'un jargon fastueux,
A la simplicité des âmes les plus pures,
Tu tendis avec art des piéges dangereux.
Des sanglantes couleurs d'un traître à la patrie,
On te vit harnacher ta tête de furie,
Où semblaient reposer les destins de l'Etat ;
　　　Et sous ta mine recueillie,
　　　On vit la discorde siéger
　　　A côté de l'hypocrisie.
On vit l'ambition, la sombre jalousie,
　　De rangs en rangs à ta voix voltiger ;
Soufflant dans tous les cœurs l'ardeur de se venger,
Et mêlant avec art au fiel patriotique
Le mot trompeur d'*amour pour la chose publique.*

　　　Adroit Prothée, à tes desseins pervers,
Tu savais ajuster ta figure changeante,
Et l'offrir tour-à-tour sous cent aspect divers.
Tantôt lion armé d'une griffe sanglante,

Tu voulais effrayer par tes rugissements,
Tous ceux qui t'attaquaient dans tes retranchements.
Quelquefois tu semblais des géants de la fable,
Emprunter les cent voix, et contre le TRÈS-HAUT
Tenter insolemment un ridicule assaut ;
Plus souvent, sans laisser apercevoir ta trace,
Serpent insidieux ! c'était entre des fleurs
    Que tu glissais, pour offrir avec grâce
Ces fruits que tu peignais des plus riches couleurs :
Fruits du Mancenillier, où l'inexpérience
Ne trouvait que la mort en cherchant la science.

    Dans Babylonne échauffant les cerveaux,
Prêtre de Balaam ! aux peuples idolâtres,
Dans les temples des arts, les cafés, les théâtres,
    Tu promulguas des blasphêmes nouveaux,
Répétés à l'instant par les bouches fougueuses
      Des Laclos et des adjudants
      Du. . . . .

« Apprenez, disaient-ils, aux hordes crapuleuses,
» Que tous ces *rits sacrés*, respectés six mille ans,
» Ne sont que des abus, des chimères trompeuses !
» Que *Rois, mœurs* et *vertus, Dieu, jugements, enfers,*
» Ne furent inventés que pour river vos fers ;
» Que cette éternité formidable à l'impie,
» N'est rien que le repos d'une longue inertie ;
    » Que tout mortel n'existant que pour soi,
    » De l'univers doit s'établir le centre,
    » Et que jouir est la suprême loi,
» Puisqu'enfin le néant est le terme où tout rentre ;

»   Que ces rapports de l'*épouse* à l'*époux* ,
»   Tous ces devoirs du *fils* envers le *père* ,
»   Des *sujets* pour des Rois d'un vain titre jaloux ,
»   Ne sont que bienséance et lien arbitraire ;
»   Que la force et le fer ont fait seuls tous les droits
»   De ces tyrans nombreux qui se sont nommés Rois ;
»   Et qu'il n'est en un mot point d'excès monstrueux
»   Qu'on ne doive estimer justes, sains, vertueux ,
»   Lorsqu'un peuple opprimé, dans ses transports féroces ,
»   Ne les commet que pour sa liberté ,
»   Au nom de la *patrie* et de l'*humanité*..... »

Tu t'es peint, ô Syeyes, dans ces leçons atroces !
Mais , ô siècles futurs ! jamais le croirez-vous ,
Que de tout l'univers le peuple le plus doux ,
      Le plus aimant, le plus aimable ,
Fut métamorphosé par un art exécrable ,
      En un troupeau de tigres et de loups ?
Jongleur populacier , admire ton ouvrage ,
L'enfer vint à ta voix troubler l'aréopage ;
      Et ses harpies et ses lutins
A l'entour dispersés , avec des cris mutins ,
      Faisaient trembler les plus fermes courages ,
      Pressaient les voix , arrachaient les suffrages ;
      En traits de sang on peignait les scrutins.......
C'est alors que l'audace et le faste empirique ,
      Le néologe et le faux pathétique ,
      Le blasphême , les déclamations
            Contre le *culte* et l'*ordre antique* ,
      Les airs tranchants , les efforts de poumons ,

Passèrent pour génie et sublime éloquence.
Rien ne t'arrêta plus dans ta carrière immense.
Du plus grand monument (l'édifice des lois)
     Pour base on établit les *Droits*
De l'atome Syeyes, superbe créature,
    Qui de tout temps ne les connut que trop.
    Mais par mépris, d'après toi, je l'augure,
Sur ceux que reconnaît à l'envi la nature,
Ceux *du Dieu créateur* on ne dit pas un mot....
Parmi ces droits puisés dans tes affreux systèmes,
On ne comprit pas ceux de *ces maîtres suprémes*
Que de ses droits sacrés Dieu même a revêtus.
Doit-on s'en étonner, lorsque les siens eux-mêmes
Étaient publiquement frondés et combattus ?
On y méprisa ceux de cette *classe illustre*
Dont au prix de leur sang les célèbres aïeux
A ce puissant empire avaient acquis son lustre :
On y foudroya ceux de ces hommes pieux
Dont les vœux assidus, la discipline austère,
Du Ciel trop offensé suspendaient la colère....
Ici, d'humbles sujets, consultés sur les lois,
    Vont s'ériger en *arbitre des Rois* :
De toutes les grandeurs ils briseront le faîte,
Et ne reconnaîtront au-dessus de leur tête
    Que la masse des souverains bourgeois.

Mais quel est ce transport de courage effréné ?
    Où court ce torrent forcené ?
    C'est le féroce brigandage
    Qui va, dit-il, d'un trop long esclavage

Abattre enfin le honteux monument.
C'était un des remparts qu'opposait la prudence
    A l'audace, au dérèglement,
    Aux attentats de la licence
    De ces prêcheurs d'indépendance.

    La torche en mains, l'anarchie à sa voix
    En dirigeait les horribles exploits ;
Tout ce qui fut jadis grand, sacré, vénérable,
    N'offrit bientôt qu'un aspect déplorable :
Les châteaux sont en feu, les palais dépouillés ;
On outrage les morts, les temples sont souillés....
A son ordre, en tous lieux volent ses émissaires :
    Et tes féroces janissaires,
Dévastateur impie, Erostrate nouveau,
    Caché derrière le rideau,
    Applaudissant à ces scènes sanglantes....
Ces guérets si féconds, ces épis entassés
Qui nous donnaient jadis des moissons abondantes,
    Semblaient frémir de se voir hérissés
De piques, de mousquets, de haches menaçantes.
    Je les ai vus ces groupes dispersés,
    Je les ai vus ces héros cannibales,
    Entremêlés de furies infernales,
    Je les ai vus suspendant à leurs dards
Des cœurs déchirés vifs les dépouilles sanglantes,
    Et marchant sous ces étendards,
Repaître avidement leurs horribles regards
    De ces images révoltantes,
Et ne pouvant encor rassasier leur faim :

J'ai vu leurs dents dévorantes
Broyer des chairs palpitantes,
Boire du sang, engloutir dans leur sein,
Tombeau vivant, des entrailles fumantes.....

Suivons les pas de l'anarchie,
Du geste et de la voix excitant les pervers;
Plus terrible qu'Éole, abandonnant les airs
A ses vents échappés de leurs antres ouverts.
Du trône enfin la barrière est franchie.
La licence en heurlant s'échappe de ses fers,
Du nom de *liberté* décore ses ravages,
Quand du plus odieux de tous les esclavages
Elle menaçait l'univers.
J'ai vu dans ce chaos de crimes et d'outrages,
Mille intérêts, mille éléments divers,
Se soulever, et dans leurs chocs horribles,
Sous les Cieux ébranlés de leurs éclats terribles
Offrir l'image des enfers.
De tant de fanges remuées,
J'ai vu sur l'abîme orageux
D'infâmes délateurs s'élever en nuées
Pour plaire aux tyrans ombrageux;
J'ai vu les noirs soupçons, la sombre défiance,
De tous côtés, comme ces noirs oiseaux
Qui vont fouiller dans les tombeaux;
Errer, en méditant quelques crimes nouveaux,
Pour traîner la paisible innocence
Aux pieds d'injustes tribunaux.

Les antiques vertus étaient alors des crimes,

Et leurs efforts les plus sublimes
Ne conduisaient qu'aux échafauds.
Que de victimes ensevelies !
Combien d'antres ouverts, et quels amas nombreux
Sans cesse engloutissaient ces antres ténébreux !
Et ! quand vit-on jamais tant d'horreurs impunies !
Plus de scélérats honorés,
Plus de tyrans presqu'adorés,
Plus de vengeances réunies,
Plus de vertus indignement ternies ?

Du vaste tourbillon on vit se dégager,
Comme dans une nuit obscure
Des fanges d'un marais un phosphore léger,
Les éléments de plus vile nature ;
On les a vus tout-à-coup surnager ;
Et ces astres brillants, d'essence la plus pure,
Éclipsés tour-à-tour, dans le gouffre plonger.
J'ai vu, sur l'orageuse masse,
Les bulles de cette écume crasse
En oripeaux, en perles se changer.
J'ai vu du nouveau plan les hardis architectes,
Dans leurs projets de réformes suspectes,
Décréter qu'il fallait, pour mieux l'exécuter,
Commencer par abattre et par tout culbuter.
Les fondements sont transportés au faîte,
Les membres révoltés veulent être la tête :
Et de l'énorme chef les convulsifs efforts,
Le poids et les écarts accablèrent le corps.
Bientôt les bases lui manquèrent,

Et l'on multiplia tellement les ressorts ,
　　Que partout ils s'entrechoquèrent.
Tous les membres jaloux enfin se dévorèrent
Quand l'intérêt , l'orgueil et les premiers transports
　　Eurent cessé d'en monter les accords.
Ce code monstrueux où les lois , les maximes ,
Où les rangs , les pouvoirs , les vertus et les crimes ,
　　La monarchie et les individus ,
　　Dans un chaos se heurtaient confondus ,
　, Fut appelé *chef-d'œuvre du génie* ;
　　Et de ce plan esquissé par l'envie ,
　　On vanta fort l'organisation ,
　　　Et de la population
　　L'énorme masse , en somme définie ,
　　Par un seul mot devint *la nation.*

　　Que d'étranges métamorphoses
Opéraient certains mots devenus tout puissants !
　　Et ces magiques talismans
　　Présentés sous couleur de roses ,
Prêchés en beaux discours , affichés en placards ,
　Mis en chansons , étalés aux regards ,
Dénaturaient les cœurs , les esprits et les choses.
　　C'est ainsi que trois syllabes écloses
　　　De quelques cerveaux factieux ,
　　　Flatteurs d'un peuple ambitieux ,
Obtinrent tout-à-coup et tant de dignité
　　　Et tant d'autorité ,
　　Qu'un mot devint le centre unique
　　De toute souveraineté.

Ce tout moral , aggrégation politique ,
Unité de raison , dont l'être fantastique
Ne possède , n'agit que par individus ,
    Fut par le trait d'une plume emphatique
Investi de pouvoirs à tel point étendus ,
    Qu'il s'établit le seul propriétaire
De tout bien , tout domaine et public et privé ,
    Et de tout l'or aux autels réservé ,
De tous les droits du trône , et de toute la terre ;
    Il envahit jusques au sanctuaire.
    Vous l'avez vu , rival du nom de Dieu ,
Ce mot de nation , ô sacrilége indigne !
Mis au-dessus du sien , ou sur la même ligne ,
    En lettres d'or , dans le saint lieu.
Et dans quel siècle , hélas? le siècle de lumière ,
Et dans ce beau climat , que dès long-temps éclaire
Le céleste flambeau de la Religion.

    Cruelle envie ! aveugle ambition !
      Siècle maudit ! savoir immonde !
Vous avez enfanté tous les grands scélérats
      Et les monstrueux attentats
      Des âges corrompus du monde.
      Muse , respecte ma douleur !
Accorde un libre essor à mes larmes brûlantes !
      Tes couleurs effrayantes ,
Pour ce qui reste à peindre , ont trop peu de noirceur :
Ce n'est ici qu'un coin de ce tableau d'horreur.